AF595246

LA

SCIENCE ET LA MORALE

DE DU BARTAS

D'APRÈS « LA PREMIÈRE SEMAINE »

PAR

Henry GUY

(Extrait des *Annales du Midi*, tome XIV, année 1902.)

TOULOUSE

IMPRIMERIE ET LIBRAIRIE ÉDOUARD PRIVAT

45, RUE DES TOURNEURS, 45

1902

LA SCIENCE ET LA MORALE

DE DU BARTAS

D'APRÈS « LA PREMIÈRE SEMAINE »

I.

Les Gascons sont confiants, pleins d'audace, et ils entreprennent volontiers des œuvres qu'un courage réfléchi jugerait irréalisables. Il s'ensuit qu'ils commencent quantité de belles choses, mais qu'ils n'achèvent rien. Voyez, dans leurs villes, les monuments : ceux d'autrefois ressemblent à des promesses oubliées; ceux d'aujourd'hui ont l'air de ruines neuves.

Du Bartas[1] a conçu un projet vraiment gigantesque. A la *Première Semaine*, qui est une cosmogonie, il ajoute peu à peu une série de récits dont le moindre fournirait la matière d'une épopée, et il marque, d'après la Bible, les étapes du genre humain. Son poème, comme la plaidoirie de l'Intimé, a le chaos pour point de départ; il décrit ensuite l'Éden; il

1. J'indique ici l'édition à laquelle, au cours de cette étude, je renverrai le lecteur : Les | OEVVRES de | G. DE SALVSTE | Sr DV BARTAS | Reueües Corrigees Augmentees de Nouueaux | Commentaires Annotations en marge, et | Embellie (*sic*) de figures sur tous les Jours | de la sepmaine || ... Derniere Edition | Au Roy | Auec priuilege de sa Magesté || M.D.CXI || A Paris | chez Toussainctz du Bray rue | st. Jacques aux Espics Meurs et | en sa boutique au Palais a | l'entree de la Gallerie des | Prisonniers. — Deux tomes en un seul volume : 22 f. non numérotés; 457 + 6 f. non numérotés; 534 f. + index non numéroté. — In-folio. — Le texte est accompagné du commentaire de Simon Goulart.

passe au déluge, met en scène les Patriarches, Moïse, Aaron, les Juges, Saül, David, Salomon, et raconte les malheurs de Sédécias, la ruine du Temple. Du Bartas en était là — au temps de Nabuchodonosor, et il allait faire pleurer les harpes juives le long des fleuves babyloniens, — lorsqu'il mourut. Ce qu'il avait écrit — deux gros volumes — n'était qu'une sorte de préface. Il se proposait, en effet, d'amener son lecteur jusqu'au jour où naquit le Christ, puis de célébrer la diffusion de l'Évangile, de constituer en vers l'Église nouvelle et de chanter enfin le monde réduit en poudre, le Jugement dernier [1]. Alors, faute de matière, le poète se fût arrêté. Et comment non?... L'histoire de l'univers depuis le chaos jusqu'au néant, voilà ce qui s'appelle un sujet!

Cette œuvre, que son auteur estime toute semblable au « grand colosse de Rhodes », à quoi faut-il la comparer? Dirai-je qu'elle est remplie de la substance de l'Ancien Testament? Qu'elle présente des analogies avec le livre de Lucrèce? Qu'elle rappelle, par endroits, les ***Métamorphoses*** d'Ovide? Que l'on peut la rapprocher des ***Phénomènes*** d'Aratus, de l'***Astronomie*** de Manilius, des ***Météores*** de Pontanus [2]? Dirai-je qu'elle s'inspire de l'***Hexahéméron*** de Pisidas [3]? Verrai-je en elle une sorte d'encyclopédie qui contient en germe la ***Création*** de d'Aubigné, la ***Magdaliade*** de Durant, le ***Paradis perdu*** de Milton, le ***Moïse*** de Saint-Amand? Montrerai-je que l'***Hermès*** de Chénier eût offert, en ce qui concerne le dessin général, plus d'un rapport avec les ***Semaines***?

1. « Car bien que mon esprit, durant si long voyage, | Voltige çà et là, si n'ay-ie en mon courage | Autre plus grand desir qu'à mener par la main | Mes lecteurs à l'Enfant diuinement humain. » *Colonies*, 219, c. — « ... Permets que ie conduise | Le monde à son cercueil, allongeant mon propos | Du premier des Sabats iusqu'au(x) dernier repos. » *Éden*, 1. — Du Bartas déclare lui-même, dans son *Advertissement*, que ses deux *Semaines* ne sont que le frontispice du palais qu'il veut bâtir.

2. Les œuvres de cet écrivain viennent d'être rééditées. (*Ioannis Iovani Pontani carmina*, teste fondato sulle stampe originali... a cura di Benedetto Soldati; Firenze, Barbèra, 1902.)

3. Voyez G. Pellissier, *La vie et les œuvres de Du Bartas* (Paris, 1882), p. 68 et suiv.

Ajouterai-je que ces *Semaines* ne sont, en définitive, qu'une *Légende des siècles?*

Les ouvrages que je viens de citer touchent tous, par quelque endroit, au vaste domaine de Du Bartas, les uns parce qu'ils se trouvent chez cet auteur de façon virtuelle et comme en puissance, les autres à cause d'une fortuite conformité de plan, ceux-ci en raison de ce qu'ils doivent à l'imitation des *Semaines*, ceux-là, au contraire, parce qu'ils furent les sources de cette composition.

Mais il ne faut pas croire qu'elle ait pour unique fondement la Bible et les épopées scientifiques. Du Bartas emprunte des comparaisons et des images à tous les poètes de l'antiquité; il paraît connaître les moralistes latins et grecs; il a lu, si je ne me trompe, l'ensemble des traités en prose qui sont consacrés soit à l'astronomie, soit à la physique, soit aux mœurs des animaux. Aristote, Sénèque, Pline et Plutarque lui sont également familiers; il n'ignorait pas les travaux des érudits néo-latins; il s'est manifestement intéressé aux recherches des médecins et des naturalistes de son siècle. De plus — chose bien curieuse — il ressuscite, sans le savoir, l'un des genres littéraires du moyen âge, et il nous rappelle parfois les auteurs de Bestiaires[1].

Ainsi, dans cet ouvrage qui embrasse l'universalité des temps, sont entassées les doctrines de plusieurs âges, et il faudrait avoir non moins de patience que de loisir pour entreprendre une étude complète des sources de Du Bartas.

Et, cependant, elle est essentielle cette étude, si l'on tient à se faire l'idée de ce que valent, au fond, les *Semaines*. Le poète nous déclare, en effet, qu'il n'a pas eu la prétention de nous divertir, que son livre est « didascalique » en partie. Les jeunes filles pourront le lire sans rougir; on n'y rencontre ni ces « hapelourdes » ni ces « vers pipeurs » qu'une Muse lascive a dictés et qui causent la perte des esprits tendres (p. 42-3), mais des enseignements, des conseils. « Icy i'inuoque Dieu, là ie luy ren graces : icy ie luy chante vn

1. *La vie et les œuvres de Du Bartas*, p. 68, n. 3; p. 113-114.

Hymne, et là ie vomy vne satyre contre les vices de mon aage : icy i' instruy les hommes en bonnes mœurs, là en piété : icy ie discours des choses naturelles, et là ie loue les bons esprits. » (*Advertissement.*)

L'œuvre de Du Bartas est donc une apologie de la religion, une histoire naturelle, une morale. Je laisse de côté tout ce qui touche à la religion. En ce qui concerne les deux autres points, il est clair que le mérite du poète dépend de la valeur des sources où il a puisé. S'il a évité de reproduire d'anciennes erreurs, si son argumentation n'est point fondée sur des légendes, si sa morale ne consiste pas en aphorismes traditionnels, alors il se vante avec raison d'avoir rendu les hommes et plus savants et meilleurs. Dans le cas contraire, et s'il s'est contenté de tourner en rimes une morale mythique ou les rêves d'une pseudo-science qui ne se plaisait qu'aux miracles, nous devons avouer que son livre, en dépit des promesses de la préface, ne nous apprend rien ni sur nous-mêmes ni sur l'univers.

Telle est la question à résoudre. Il s'agit, pour y parvenir, de montrer, je le répète, sur quelles bases repose l'érudition de Du Bartas ou, sous une autre forme, quelles autorités recommandent les opinions qu'il exprime. Voilà ce que je vais rechercher, sans avoir la prétention de signaler tous les ouvrages dont l'écrivain gascon s'est servi, et en bornant mon enquête à la *Première Semaine*. Ce poème, plus court que l'autre, plus clair, moins inégal et presque entièrement didactique, fournira à lui seul autant de documents qu'il en faut pour le dessein que j'ai formé.

II[1].

« Et la terre était sans forme et vide, et les ténèbres étaient sur la face de l'abîme, et l'esprit de Dieu se mouvait sur les

1. Pour plus de commodité, je désignerai par les abréviations que voici les principaux ouvrages auxquels il est nécessaire de renvoyer le lecteur : B. = Les œuvres de Du Bartas. (Voir page 3, note 1.) || A. = *Histoire des animaux* par Aristote; traduction Barthélemy-Saint-Hilaire; 3 vol

eaux. » Ainsi parle la Genèse. (I, 2.) Mais cette concision saisissante ne saurait suffire à Du Bartas. Il tient à exprimer amplement l'anarchie de la matière avant l'œuvre des six jours, et il se plaît à rendre l'indescriptible : l'immobilité, au fond de l'espace noir, des substances sans nom, sans forme. En conséquence, il paraphrase les vers qu'Ovide a consacrés au chaos, et il ajoute à ce passage trop ingénieux des *Métamorphoses* nombre de subtilités comiques[1]. Il admet, suivant en cela plutôt l'écrivain latin que la Bible, le partage de la matière en quatre éléments, et il n'a aucun souci de la théorie des atomes, que Lucrèce doit à Épicure. Par contre, c'est de Lucrèce qu'il s'inspire, dès que, supposant créés les éléments, il envisage leur rôle, leurs rapports, leur destinée. Ils sont, dit-il, le germe des êtres animés et des choses, car

> Depuis que l'Eternel fit de rien ce grand Tout,
> Rien de rien ne se fait. . . . . (P. 49, c.)

Cette phrase traduit le vers de Lucrèce :

> *Nullam rem e nihilo gigni divinitus unquam.* (I, 144.)

Mais, sur un point essentiel, Du Bartas modifie ce texte, et là où l'auteur du *De Natura* voyait une loi fatale, il voit une

in-8°; Paris, Hachette, 1883. || Pl. = Plutarque, *Quels animaux sont les plus advisez, ceux de la terre ou ceux des eaux?* Traduction d'Amyot; Paris, Janet et Cotelle, 1820, t. 19. || E. = Elien, *Des animaux*, édit. Hercher; coll. Didot, 1858. || L. = Lucrèce, *De la Nature*, trad. nouvelle avec le texte par Crouslé; Paris, Charpentier, 1885. || S. = Sénèque, *Questions naturelles.* (OEuvres complètes de Sénèque traduites par J. Baillard; 2 vol., Hachette, 1878.) || P. = Pline, *Histoire naturelle*, trad. Littré; Paris, Dubochet, 1848-1850. 2 vol. gr. in-8°. || Th. = *Le Bestiaire* de Philippe de Thaün, édit. E. Walberg, Paris, Welter, 1900. || Cl. = *Le Bestiaire* de Guillaume Le Clerc, édit. R. Reinsch; Leipzig, 1890. || G. = *Le Bestiaire* de Gervaise, édit. P. Meyer, *Romania*, I, 420 et suiv. || R. = L'Histoire | entiere des | Poissons, | Composée premierement en Latin par maistre | Guilaume Rondelet Docteur regent en Me- | decine en l'uniuersité de Mompelier | Maintenant traduite en François sans auoir | rien omis estant necessaire a l'intelligence d'icelle. | Auec leurs pourtraits au naïf. | A Lion, | Par Mace Bonhome | A la masse d'or. | M. D. LVIII. | Avec priuilege du Roy pour douze ans. — Deux tomes en un seul vol. in-fol.; 418 + 181 f.

1. B., p. 15-16. — Pellissier, *ouvr. cité*, p. 136.

volonté providentielle. Cela ne l'empêche point d'emprunter au poète sans dieu les preuves de cette règle, selon lui, divine[1]. Il tire aussi de Lucrèce un autre axiome, qui est la conséquence du précédent : jusqu'à la ruine complète du monde, rien ne peut retourner au néant[2]; la matière change de forme, mais elle ne périt pas. Et si l'on demande comment des corps, très dissemblables en apparence, sont constitués cependant par une ou plusieurs substances immuables, on trouve, dans la *Semaine* et dans l'épopée latine, des réponses qui diffèrent peu, car, ici, l'on nous apprend que la lutte des atomes ne cesse de modifier la figure de l'univers, et, là, on impute cette même diversité au conflit des éléments[3]. Enfin, les deux œuvres nous annoncent qu'un temps viendra où s'écrouleront les remparts du monde, et elles attribuent l'abolition de toute vie matérielle, l'une à la menace — ou à la promesse — sacrée, l'autre à l'épuisement de la nature qui se lassera de produire[4].

Du Bartas imite donc Lucrèce, comme Pascal imite Montaigne : il se sert de la même paume, c'est-à-dire des mêmes arguments, mais il leur assigne un but nouveau, et il s'imagine sanctifier la cosmogonie d'un athée en l'accommodant de son mieux à l'esprit de la Genèse. Par là, il nous serait aisé de voir, si nous ne le savions déjà, que les penseurs du XVIe siècle ne réussissent jamais à se dégager de l'humanisme, et que certains d'entre eux qui passent pour des chrétiens intransigeants n'ont pas laissé de subir, plus ou moins manifestement, l'influence des doctrines antiques.

Dans le premier chant de la *Semaine* et au début du second sont proposés des problèmes qui appartiennent, on vient de le voir, à la métaphysique. Pour m'arrêter davantage à ces questions abstruses, je ne me sens ni la compétence ni le courage qu'il faudrait, et je préfère passer directement aux

1. B., p. 49, c-d. — L., I, 153 sqq.
2. B., p. 49, c. — L., I, 209 sqq. — Cf. encore B., 51, b et L., I, 256-8.
3. B., p. 53. — L., I, 1014 sqq.; II, 96 sqq.
4. B., p. 21. — L., II, 1148 sqq.; V, 91 sqq.

parties scientifiques du livre. Ce n'est pas que je prétende (on ne me croirait point) être grand clerc en ces matières, mais la science dont il s'agit ici, les ignorants peuvent aujourd'hui la juger, et ses erreurs sont d'ordinaire si grosses qu'elles ne sauraient échapper même à un simple littérateur.

Du Bartas commence par rimer une météorologie[1]. L'air est partagé, écrit-il, en trois étages ou régions : la région haute qui est brûlante; la moyenne qui est glacée; la basse dont la température est inconstante, mais telle, cependant, qu'elle nous permet de vivre[2]. La bruine est formée par une vapeur qui n'a pas la force de se résoudre en eau (p. 63); si cette vapeur s'élève plus haut que les nuages, elle se change, au printemps, en rosée, et, l'hiver, en glace (p. 64); le froid qui règne dans la région intermédiaire « durcit en boulets » des gouttes d'eau et produit ainsi la grêle (p. 67, d); il arrive que les nuages gèlent tout entiers : alors tombe la neige, « celeste laine[3] ». L'origine de la pluie est moins brièvement expliquée. Une vapeur s'exhale du sol, monte

Au sejour eternel du frissonnant hyuer,

se resserre par la vertu du froid, vogue au hasard, finit par rencontrer une autre nue. Aussitôt, à cause du choc, les deux nuages s'ouvrent, répandent leur eau. Tels un gobelet de cristal et une frêle aiguière que heurtent les mains d'un page... Ces pluies-là sont violentes. Mais si un souffle aimable, qui se joue dans l'étendue, secoue, sans colère et par soupirs répétés, les larmes qui tremblent au bord des vapeurs flottantes, la terre est humectée doucement, la verdure est rafraîchie[4].

1. C'est, selon lui, une manière de raconter le second jour de la création. (Genèse, I, 6-8.)

2. B., p. 58-9. — Il reproduit très exactement une théorie que l'on trouvera dans S. (*Q. N.*, II, x, p. 487.)

3. B., p. 67, a. — Pour ces divers phénomènes, cf. P., II, 61. Le commentateur de B. renvoie aussi aux *Météores* de Pontanus.

4. B., p. 64-5. — L., VI, 495 sqq.; P., II, 42.

L'auteur de la *Semaine* parle du tonnerre assez longuement; toutefois, il explique moins ce phénomène qu'il ne le dépeint, et il se contente d'affirmer que lorsque nous entendons gronder le ciel, cela provient d'une chaude exhalaison qui atteint le moyen étage de l'air. La chaleur et le froid entrent en lutte, d'où le vacarme horrifique. Quant à l'éclair, c'est une fumée ou, si l'on veut, *une flamme sèche*. (P. 76-9.) Lucrèce consacre à la foudre plus de trois cents vers[1], il présente maintes hypothèses, et se recommande tantôt par l'ingéniosité, tantôt par une imagination grandiose. La magnificence de ses conjectures ne l'empêche pas d'exprimer la réalité puissamment. Tendus sur les plaines du monde, les nuages imitent le bruit des toiles qui couvrent l'ampleur d'un théâtre; ils forment sur nos têtes de noirs palais, des montagnes pleines de cavernes où s'engouffre la rage des vents. L'édifice aérien « est rempli de feux et de souffles ». Soudain naissent des tourbillons qui enflamment les germes ignés. — Dans ces pages, pourtant de nature à décourager les imitateurs, Du Bartas a choisi un certain nombre de détails plastiques[2], mais les quelques mots qu'il risque sur l'origine du tonnerre dérivent d'une autre source et se rattachent, semble-t-il, ou bien au système de Pline ou bien aux idées de Sénèque, qui sont, d'ailleurs, obscures[3]. Remarquons encore ceci : le feu du ciel ne suggère à l'écrivain gascon qu'une brève réflexion morale. (P. 81, c-d.) Sénèque termine son étude en montrant aux hommes qu'il ne faut pas trembler pendant l'orage, car on ne doit pas craindre la mort[4]. Plus original et plus profond, Lucrèce rit de ceux qui se figurent la foudre brandie par les dieux. Et pourquoi donc prennent-ils pour cibles leurs statues, leurs temples[5]?

1. L., VI, 96-422.

2. Aux v. 219-252 de L. comparez, par exemple, la p. 76, b de la *Semaine*.

3. S., II, XXI, p. 491 et suiv.; P., II, 18, 43, 51-6. — Ce que B. avance sur les effets miraculeux de la foudre (p. 79, c) est presque entièrement tiré de l'*Hist. nat.*, II, 52.

4. S., II, LIX, p. 509-11.

5. L., VI, 379-422.

Après la tempête, l'arc-en-ciel. Il est formé, nous dit Du Bartas qui use d'une comparaison virgilienne[1], par les rayons du soleil couchant dont un nuage chargé d'eau et, conséquemment, polychrome reflète tout à coup la splendeur. Parmi vingt hypothèses qu'il résume et qu'il discute, Sénèque place celle-là. (*Q. N.*, I, III.) Pline l'adopte en la précisant sur certains points. (*H. N.*, II, 60.) Le système de Lucrèce est de même espèce, mais d'une obscurité fâcheuse[2].

L'auteur de la *Semaine* définit le vent une sorte d'exhalaison sèche, qui naît de la terre, lutte, dans la deuxième zone de l'air, contre l'influence du froid, et redescend en tourbillon vers le sol.(P. 68-73.)Pline accepte cette théorie[3], que recommande, d'ailleurs, l'autorité d'Aristote. Sénèque hésite, et il nous offre, à son ordinaire, plusieurs solutions. Certaines sont vraiment plaisantes[4]. Pour Lucrèce, les vents sont composés d'une substance matérielle qui échappe à nos regards, et ils agissent à la manière de l'eau courante[5]. Les services qu'ils nous rendent suggèrent à Du Bartas quelques vers d'une bizarrerie ambitieuse[6]. Quant aux souffles qui sont captifs dans les « creux intestins » du globe, il les accuse de produire les tremblements de terre. (P. 126.) Cette opinion, que la science antique a parfois tenue pour juste[7], étonne

1. *En.*, VIII, 22-5. — B., p. 80, c-d.

2. L., VI, 524-6. — Le commentateur de la *Semaine* renvoie le lecteur à Aristote « au 3. liure des *Meteores* chapitres 4 et 5 ». Cf. encore Pl., *Opinions des philosophes*, III, 5.

3. *H. N.*, II, 44 et suiv.

4. Voyez *Q. N.*, le livre V en entier.

5. *De nat. rer.*, I, 271 sqq. — Voyez aussi Pl., *Opinions des philosophes*, III, 7.

6. « Or' ils portent la nef d'un vol non engourdy ; | ... | Ore pirouëttant d'une haste sans haste | Du moulin brise-grain la pierre ronde-plate, | Ils trans-forment, muniers, en maint atome blanc | Le blé... » (P. 73, b.)

7. Cf. Pl., *Opinions des philosophes*, III, 15 ; L., VI, 535-607 ; S., VI, IV et suiv.; P., II, 81. — Pline déclare « ventos in causa esse non dubium reor ». S. constate, de son côté, que « l'air est le mobile qu'admettent les plus nombreuses et les plus grandes autorités ». (Ch. XII.) On observera que Lucrèce suppose, sans repousser l'avis le plus commun, que les tremblements de terre peuvent s'expliquer par des écroulements subits et des tassements de la masse intérieure du globe.

cependant au plus haut point le commentateur de la *Semaine*. Il écrit : « Quand on demande aux Philosophes naturels, veu que les vents sont inconstans et legers, d'où vient ceste violence si impetueuse et grande qu'elle puisse esbranler cinquante ou soixante lieuës de pays à la ronde, tout à vn instant et d'vn mesme bransle : ils demeurent court. Aussi faut-il en cela remarquer la main courroucee de Dieu... » (P. 129, b.) Moyen sûr de résoudre la difficulté.

Je n'ai aucunement l'intention de suivre Du Bartas pas à pas, car on peut, je crois, éclairer les origines de son érudition sans multiplier les exemples à l'infini. Je ne m'arrête donc pas aux vers qu'il a consacrés à la constitution physique du ciel, et je ne veux pas rechercher la source de ses discours sur le nombre des cieux, sur leur essence, sur les eaux qu'ils renferment, au témoignage des livres saints[1], sur la rencontre de l'océan d'en haut avec l'océan d'en bas, d'où procéda le grand déluge[2], sur la substance et la marche des astres, sur la manière dont ils s'alimentent[3], sur les phases de la lune et sur l'ordre des saisons.

De toute cette partie de l'épopée, un trait seulement me paraît intéressant à retenir : Du Bartas, qui se pique d'une certaine rigueur scientifique et qui réprouve les doctrines hétérodoxes, croit à l'astrologie fermement. Que l'on écoute la voix de la raison, et l'on confessera, déclare-t-il, que les « celestes chandelles » n'ont pas été allumées pour la parade. Il invoque le dogme des causes finales. Puisque Dieu ne fait

1. Genèse, I, 7; *Ps.*, CIV, 3.

2. La copieuse description du déluge qui se trouve dans B. (p. 95-7) est imitée d'Ovide, *Mét.*, I, 274-317.

3. B. repousse, avec un mépris railleur, l'hypothèse de ces « forgeurs de fables » qui considéraient les étoiles comme des organismes, hors d'état de subsister sans se nourrir, et dont les voyages s'expliquaient par la nécessité de *quester des vivres*. (Page 166, a-b.) Lucrèce est l'un de ceux qui risquent cette conjecture (V, 509-33); S., en parlant des comètes, la discute gravement. (VII, XXI-XXII, p. 613-14.) Ainsi le poète de la *Semaine* se moque ici de ses maîtres. J'ajoute que, dans le même passage (p. 167, c), il range Copernic parmi les *forgeurs de fables*. Ce voisinage honore Lucrèce.

rien en vain, il n'a pas dû créer les étoiles seulement pour qu'elles sillonnent les larges maisons de l'air, et, du moment qu'il a donné une vertu au brin d'herbe, comment eût-il laissé inefficace le regard des constellations? (P. 191.) Du Bartas exprime en vers heureux cette illusion qu'il partage avec le meilleur poète de son temps[1], et qu'il semble avoir hérité plutôt du moyen âge que de la Grèce ou de Rome. Il s'efforce de concilier l'astrologie et la religion, et il répond par un sophisme (p. 197, c) à une objection qu'il prévoit et que voici : Dieu n'est donc pas le maître des choses futures? Ne se trouve-t-il pas lui-même esclave de la fatalité, puisque, *sur le front des étoiles*, est écrit notre destin[2]? Au fond, ce problème ressemble à celui du libre arbitre et de la grâce. Du Bartas avait assurément le droit d'être embarrassé. Quant à l'erreur qui consiste à représenter les astres comme les maîtres de notre vie, à prêter un sens à leur lumière, elle est, chez un poète, excusable, naturelle.

Entre l'étude des météores et celle des corps célestes se place, dans le livre de la *Semaine*, une série de remarques sur la mer et les eaux douces[3]. La question du flux et du reflux laisse Du Bartas perplexe : il allègue trois opinions diverses, et semble incliner vers celle qui est, en réalité, juste[4]. Mais s'il note la relation qui existe entre le mouvement de la lune et les marées, il ne l'explique pas mieux qu'on ne l'expliquait avant Newton, et volontiers il écrirait à la façon de son commentateur : « On demande comment la Lune pousse et repousse la mer. Quelques-vns estiment que

1. Ronsard parle de l'astrologie avec un tel accent qu'il est difficile de croire à une superstition feinte, à une fantaisie lyrique. Voyez (édit. Blanchemain) I, 363; IV, 382-3; V, 148-153, 276-283; VI, 232, v. 7-8, 491, v. 3-6. A vrai dire, le chef de la Pléiade semble quelquefois considérer comme menteuse la science des faiseurs d'horoscopes (III, 177-8; VI, 130; VII, 187), mais ces textes sont loin d'avoir l'éloquence et l'ampleur qui caractérisent les autres.

2. Cf. La Fontaine, *F.*, II, 13; VIII, 16.

3. C'est le commentaire — combien riche! — des versets 9 et 10 du ch. I de la Genèse.

4. B., p. 109, c. — Pl., *Opinions des philosophes*, III, 17; P., II, 99.

c'est vne sienne proprieté de faire enfler les eaux, dont procede ce branslement. » (P. 111, d.) Telle, chez Molière, la *virtus dormitiva* de l'opium. — Notre auteur affirme que l'océan est la source de toutes les eaux terrestres[1], et s'il ne suppose pas, avec Platon, qu'elles soient réunies, au centre du globe, en une sorte de réservoir[2], il emprunte à Virgile, qui accepte cette théorie, les vers où sont énumérés, à la manière héroïque, les fleuves que l'inépuisable gouffre déverse à la fois de toutes parts[3].

Idée fausse, je ne le nie pas, mais grandiose. On regrette qu'il n'y ait là qu'un rêve. Avouons, du moins, qu'il méritait d'être mis en vers. Si on ne rencontrait, chez Du Bartas, que des erreurs de cette nature, on lirait son livre sans ennui. Par malheur, j'ai maintenant fini d'exposer la plus raisonnable partie de l'œuvre, c'est-à-dire la plus générale. On en supporte d'un esprit indulgent l'insuffisance, la naïveté, car le mécanisme du monde comporte, en ce qui touche à ses lois premières, une grande part d'inconnaissable. Certains problèmes que l'on agite depuis des siècles demeurent entiers, et, comme la vie de l'âme, celle des choses a son mystère. Dès lors, pourquoi exigerait-on d'un poète ce que les savants peuvent à peine? Dans ce qui va suivre, au contraire, il sera légitime de reprocher à Du Bartas sa candeur, son amour du merveilleux, son zèle à recueillir des mensonges. C'est qu'il ne s'agit plus de spéculations ni de doctrines, mais de faits précis dont le contrôle appartient aux sens, à l'expérience. Ici, le poète de la *Semaine* se sent mal à l'aise, et, sans doute, il estime étroites les limites de la vérité. Jaloux de magnifier l'ouvrage du Créateur, il lui prête la richesse des mythes, et il évoque, en décrivant la terre que nous habitons, un royaume de féerie, l'une de ces contrées fabuleuses dont

1. Cette opinion date d'Homère. *Il.*, XXI, 194-7. — Cf. L., VI, 631-8; S., III, v, p. 516.

2. *Phédon*, p. 112.

3. B., p. 106-7; Virgile, *G.*, IV, 363 sqq. — Voyez S., VI, VIII, p. 581.

la sultane Schéhérazade se plaît à détailler les impossibles merveilles.

III.

Donc, puisque les Six Jours de Du Bartas sont dans le goût des *Mille et une Nuits*, prêtons l'oreille aux contes.

Et d'abord, les miracles des eaux. Quantité de fontaines ont des vertus admirables, une sorte d'âme. Il est, en Palestine, un ruisseau qui manifeste, en tarissant le jour du sabbat, son respect de la loi divine[1]. La source Éleusine aime tellement la musique qu'elle danse au son du chalumeau. Les bergers chantent-ils sur ses bords? Voilà son onde qui suit le rythme de la chanson[2]. Lorsque les troupeaux boivent au Xanthe, leur toison devient rousse; le Céron fait noircir la laine; le Céphise la blanchit[3]; l'une des sources de l'Arabie la teint en rouge[4]. De la fontaine de Bacchus, à Andros, il coule, une fois par an, du vin; celle de Soles, en Cilicie, verse de l'huile libéralement[5]. Un ruisseau illyrien enflamme le linge; à Dodone, la source de Jupiter éteint les flambeaux puis les rallume[6]. En certains lieux, le sol produit de la cire, de la poix. Cela se voit en Islande, au Pérou[7].

Les quelques fontaines de France que célèbre Du Bartas ont

1. B., p. 114, b. — Josèphe, *De bel. Jud.*, VII, v, 1. (Dindorf, t. II, p. 311.)

2. B., p. 114, d. — Solin, *Polyhistor*, V. (Coll. Panckoucke, p. 99.)

3. B., p. 114, d et p. 115, a. — S., III, xxv, p. 528; P., II, 106, 10, XXXI, 9.

4. B., p. 115, a. — Solin, *Polyhistor*, XXXIV, p. 259. — B. a suivi ce texte peu exactement.

5. B., p. 115, a. — P., XXXI, 13-14. — L'huile de la fontaine de Soles était vraisemblablement du naphte, mais le contexte prouve que Du Bartas songeait à l'huile d'olive. Loin de chercher l'explication rationnelle des faits, il aimait à voir en eux des prodiges.

6. B., p. 115, a. — P., II, 106, 7-8. — Au sujet de la source de Dodone, cf. L., VI, 879-905.

7. B., p. 116, d et 117, a. — Le commentaire renvoie au 4e livre de l'*Histoire générale des Indes*, chapitre cxciv.

beau être voisines de la Gascogne, ou même appartenir à cette province, elles restent au-dessous de ces miracles. Cependant notre poète déclare, par patriotisme, que nulle merveille n'est comparable à la fontaine intermittente de Bélesta[1]; il vante en termes assez élégants Barèges, Cauterets[2], surtout Bagnères, que ceignent les monts *enfarinés* et où chaque rue a son fleuve. (P. 120-121.)

Peut-être faudrait-il parler ici des pluies de grenouilles, qui ne sont pas rares, comme chacun sait[3], des pluies de lait, de chair, de laine et de blé, dont il est fait mention en divers ouvrages très authentiques[4], mais les plantes et les animaux vont nous offrir tant de particularités étonnantes[5] qu'il serait oiseux de s'arrêter devant les menus prodiges.

Les herbes et les fleurs ont une puissance magique. Ceux dont la vue est trouble se peuvent guérir en attachant à leur

1. B., p. 122-3. — Sur les sources intermittentes, voyez P., II, 106, 9 et 12.

2. Cf. Marguerite de Navarre, le prologue de l'*Heptaméron*.

3. B., p. 66, b. — Cf. R., t. II, p. 167 : « Par les grandes pluies et tempestes tumbent du ciel quelquesfois des Grenouilles semblables à Crapaus... Aucuns pensent qui[l] n'en tumbe point d'en haut, mais que c'est vne espece de Crapaut qui vit caché dans les creux de la terre, lequel devinant la tempeste sort de son creux... Mais l'experience monstre le contraire auec l'authorité des grans personages. »

4. B., p. 82, c. — P. (II, 57) constate la plupart de ces phénomènes, et il mentionne aussi, pour être complet, des pluies de fer et de briques cuites. On me saura gré sans doute de citer, à propos des pluies de blé et de laine, le commentaire de Simon Goulart : « Il y a quelques annees qu'en vn quartier d'Alemagne plut grande quantité de bled propre à la nourriture du corps, en vn temps de famine, dont infinis paysans furent soulagez. Vn mien amy en apporta pour souuenance enuiron demy-liure, et m'en donna vn petit cornet plein. I'en brisay quelques grains, qui estoyent petits comme grains de seigle : la farine en estoit belle et propre à faire du pain. Quant à la pluye de laine, Paul Diacre au liure 21 et Freculphus au 2 liure chapitre 13 recitent, apres S. Hierosme, qu'elle cheut au pays d'Artois soubs l'empire de Valentinian, dont les habitans du pays furent bien accommodez. » (P. 83, a-b.)

5. La partie de la *Semaine*, qui a la prétention d'être une botanique et une zoologie, correspond aux versets 11-13, 20-25 du chapitre I de la Genèse.

cou des feuilles de chicorée[1]. Le pain de pourceau hâte les accouchements, et même

> . . . . . .si quelque femme enceincte
> Passe sur sa racine, elle est *presque* contrainte
> D'avorter sur le lieu. . . . .

Presque est joli. — Ayez sur vous de l'armoise, et vous voilà à l'abri de la peste et du poison. L'angélique, ainsi nommée parce qu'elle fut apportée aux hommes par un ange, est bonne contre le chant des sirènes et contre le vent d'autan. En pressant dans sa main la sanguisorbe, on arrête une hémorrhagie[2]. L'aconit endort le scorpion, l'ellébore le réveille. La bétoine force les serpents à se livrer une bataille qui ne se termine qu'avec leur vie. Par contre, l'herbe appelée chasse-bosse empêche les chevaux de se haïr. Les porcs qui mangent le « splène » succombent en peu de temps, car cette racine *dévore* leur rate. Si les bêtes de somme paissent où croît la lunaire, elles reviennent à l'étable sans clous et sans fers. Miracle grand ! Du Bartas admire « la mareschale main » de cette plante et les invisibles dents qui tirent « la ferme chaussure » des chevaux. Non moins étrange est la vertu du dictame : il guérit le cerf blessé, relance la flèche au chasseur et le tue[3]. La férule fait mourir le bœuf, engraisse l'âne. La

1. B., p. 134, a. — Cf. P., XX, 29, mais il dit seulement : « Cum rosaceo et aceto capitis dolores lenit. »

2. B., p. 134, a-c. — Sur le pain de pourceau [*cyclamen europaeum*], voir, d'après Simon Goulart, Dioscoride, II, 158. — P. décrit l'armoise au chapitre 36 du livre XXV. — La *sanguisorba officinalis* est la pimprenelle des prés.

3. B., p. 135, d et 136. — ACONIT, P., XXVII, 2. — ELLÉBORE, XXV, 21-25 et XXVII, 2-3. — BÉTOINE [*Betonica officinalis*], XXV, 55, 2. — CHASSE-BOSSE [*Lysimachia lutea*], *ibid.*, 35. P. attribue seulement à ce végéta' la vertu de calmer les bêtes rétives. — SPLÈNE [*Asplenium*], *ibid.*, 20. — LUNAIRE. Le commentaire renvoie à « Matthiol sur le cent trente-cinquième chapitre du troisième liure de Dioscoride ». — DICTAME [*Origanum dictamnus*], P., VIII, 41, 1 et XXV, 53; Elien, *Hist. variées*, I, 10. Voyez encore Cicéron, *De nat. deor.*, II, 50. Mais ces auteurs se bornent à dire que les cerfs, qui ont brouté le dictame, sont délivrés des javelines attachées à leur chair.

ciguë, funeste à l'homme, est saine pour les étourneaux. Le rosage empoisonne les mulets, et nous sert, à nous, d'antidote[1]. Enfin, mieux inspiré, le poète exalte les mérites — réels, cette fois — de l'arbre que les habitants de l'île de Zébut ont, dit-il, surnommé « cocos ». Cet arbre fournit, outre une matière textile, du vin, du beurre, de l'huile, du vinaigre et du sucre[2].

Examinons maintenant les animaux.

Malheur aux muets! dit Michelet, et cet homme, dont la bienveillance s'est étendue à toute vie consciente, n'accorde aux poissons qu'une sympathie médiocre. C'est qu'il n'avait pas lu la *Semaine*, et qu'il ignorait, par suite, combien « les bourgeois d'Amphitrite » sont en général de bons bourgeois. On ne saurait croire combien est développé chez eux le sentiment de la paternité. Ils ont l'instinct social, ils s'entr'aident... Et pleins d'esprit, avec cela! Certains abondent en ruses subtiles, et déçoivent le pêcheur par des stratagèmes d'Apaches. Il y a bien quelques monstres, mais leur méchanceté met en relief les mœurs excellentes des « moites citoyens » qui peuplent « la mer porte-barques ».

Le « canthare » est un mari modèle; jamais il ne s'égare du *devoir nopcier :*

> Ainçois, fidele espoux, passe ses chastes iours
> Sans faire banqueroute aux premieres amours[3].

Si le filet enlace un muge et le traîne vers le bord, la femelle du captif suit, toute *forcenée de deuil*, et elle ne demande

1. B., p. 138. — FÉRULE, P., XXIV, 1, 2. — CIGUË. « Galien au liure des Temperamens dit... que la cigue est nourriture aux estourneaux et poison aux hommes. » (*Commentaire*, p. 140, b.) — ROSAGE [*Rhododendron*], P., XVI, 33, 1 et XXIV, 53.

2. B., p. 142. — Il s'agit ici du cocotier, mais on pourra lire dans la *Seconde Semaine* (*Éden*, p. 33, d et 34, a) la description d'un végétal dont les propriétés sont encore plus utiles et plus variées.

3. B., p. 222, a. — Cf. E., I, 26, p. 9. — R. écrit à propos du canthare (t. I, p. 113) : « Oppian le loue de chasteté, comme ne fraiant qu'auec vne seule femelle, comme vn preud'home se contente d'vne seule femme. » — Le canthare paraît être une sorte de dorade.

pas mieux que de mourir, elle aussi[1]. Certes, elle ne ressemble pas au « sargon », qui non seulement change

> De femme chasque iour sous l'ondeux Element,

mais qui courtise, par surcroît, les chèvres, et tâche, pendant l'absence des *maris barbus*, de sauter sur les rives où elles paissent[2]. Autres sont les plaisirs de l' « uranoscope »; il se plaît — son nom l'indique — à la contemplation des astres, et il n'a cure des choses d'en bas[3]. Le scare délivre ses compagnons emprisonnés dans la nasse[4]. Que dirai-je de ces deux poissons qui vivent à frais communs? L'un fournit le logement; l'autre alimente la cuisine[5]. L'araignée de mer rend à l'éponge des services[6]. A l'époque du froid, les « sparaillons », les poissons blancs, se rassemblent et forment, pour se réchauffer ou pour repousser leurs ennemis, une masse si compacte qu'elle empêche les galères d'avancer[7]. Il n'y a pas là de quoi être surpris. Les thons ont bien, *d'un brave cœur*, arrêté la flotte d'Alexandre[8], et le rémora, à lui seul (et il

1. B., p. 222, a. — P., IX, 26.

2. B., p. 221, d. — E., I, 23, p. 8. — R. dit en parlant de ce poisson (t. I, p. 115) : « Il est fort subiet à paillardise, et non seulement il aime par trop ses femelles, mais aussi les chieures. » Le nom vulgaire du sargon est *sargue* ou *sarguet*.

3. B., p. 222, b. — P., XXXII, 24, 1; R., t. I, p, 242-3. — L'ouranoscope est appelé aussi callionyme. (A., II, XI, 11; E., XIII, 4, p. 221.)

4. B., p. 225, a. — Pl., ch. LXVIII, p. 144 : « Quand un scare a... donné dedans la nasse, ses compagnons lui baillent la cueuë par dehors, et luy la serre tant qu'il peult à belles dents; les autres tirent tant qu'ils l'entrainnent dehors. » — E., I, 4, p. 2; P., XXXII, 5, 1; R., t. I, p. 145.

5. B., p. 227, b. — A., V, XIII, 10; Pl., ch. LXXV, p. 155; E., III, 29, p. 48; P., IX, 66.

6. B., p. 227, c. — Pl., ch. LXXVI, p. 155-6; E., VIII, 16, p. 144.

7. B., p. 225, d-226, a. — A., VIII, XV, 8; E., IX, 46, p. 162. Suivant R. (t. I, p. 111), les pêcheurs eux-mêmes ont de la peine à distinguer de la dorade le sparaillon. A. et E. le nomment *ryade*.

8. B., p. 217, d. — P., IX, 2, 2. — Sur la marche des bancs de thons, voyez Pl., ch. LXXIV, p. 153-5.

n'est pas gros) immobilise un navire[1]. La scolopendre qui vient d'avaler un hameçon, ne s'embarrasse pas pour si peu : elle vomit ses intestins, chasse de la sorte le fer crochu, puis remet toute chose en place[2]. Le dauphin ne veut pas être oublié. Tout en lui est admirable : il ignore le sommeil, le repos ; il chérit les hommes et, en particulier, les musiciens. Arion en fit l'expérience. Du Bartas raconte, avec une belle gravité, le voyage du chanteur sur l'échine du poisson mélomane, comment celui-ci nageait de façon gentille, comment celui-là, par gratitude, épuisait son répertoire :

> Tandis, le cheuaucheur à sa chere monture
> En passages nouueaux va payant la voiture[3].

Passons aux géants de la mer. Par ses évents, la « senedette » crache des trombes qui brisent et renversent les vaisseaux[4]. Le « priste » et l'épaulard sont pareils à des îles flottantes ; leur taille atteint deux arpents, et lorsqu'ils agitent leurs nageoires, on croirait voir tourner des moulins à vent[5]. Non moins énorme est la baleine, si énorme même qu'elle ne peut se conduire et qu'elle viendrait à la côte comme une caraque trop lourde, si elle n'avait pour guide un poisson menu, qui la dirige, avec une fidélité de chien d'aveugle,

1. B., p. 229, d et 230, a. — A., II, x, 3 ; E., II, 17, p. 27 ; P., IX, 41 et XXXII, 1 ; R., t. I, p. 313 et 334-5. — R. veut que le rémora ne soit autre que la lamproie, « car si ell' applique son museau contre vne galere, elle l'arestera, *et l'ai ainsi veu* ».

2. B., p. 224, b. — A., IX, xxv, 8., Pl., ch. LXVII, p. 143 ; E., IX, 12, p. 152 ; P., IX, 67, 3. — Pl. et E. appellent cet animal *renard marin*. Cf. R., t. I, p. 303.

3. B., p. 231-4. — A., IX, XXXV ; Pl., ch. LXXXVIII-XCI, p. 168-174 ; E., XII, 45, p. 218 et *passim* ; P., IX, 8-10 ; R., t. I, p. 344-350.

4. B., p. 216, c. — R., t. I, p. 356 : « C'est vne beste de merueilleuse grandeur... I'ai ouï dire que autresfois on... en a pris vne longue de cent pas. »

5. B., p. 217, d et 218, a. — D'après R. (t. I, p. 354), l'épaulard et l'orque ne seraient qu'un seul et même monstre. Cf. P., IX, 5. Il donne quelques détails sur l'orque, « cujus imago nulla repraesentatione exprimi possit alia, quam carnis immensae dentibus truculentae ».

parmi les écueils et les détroits[1]. Cela tout le monde le sait, mais certaines gens ignorent qu'il ne manque presque rien à l'océan de ce que la terre possède : chose indubitable, car on trouve au fond de l'eau non seulement des roses, des melons, des orties et des raisins, non seulement des béliers, des pourceaux, des lions, des veaux et des éléphants, mais encore des hommes, et même des moines et des prélats[2].

Et voilà, d'après Du Bartas, les légendes de la mer... Il se tourne ensuite vers les oiseaux, s'applique à nous les décrire. Il commence par l'unique et presque divin phénix, qui passe, parmi les aromates, d'une mort volontaire à la vie, symbole d'une éternité périodiquement réchauffée à la flamme de la jeunesse[3]. Après ce patriarche des airs, cet être pur comme

1. B., p. 226-7. — Pl., ch. LXXIX, p. 158-9; E., II, 13, p. 25; P., IX, 88; R., t. I, p. 352-3.

2. B., p. 242, a-b. — ROSE DE MER, R., t. I, livre XVII, ch. XIV, p. 381. — MELON DE MER [*Holothuria pentactes*], P., IX, 1, 3. — ORTIE DE MER [*Medusa, L.*], P., IX, 68 et XXXII, 53, 4; R., t. I. p. 380 et suiv. — RAISIN DE MER [œuf de sèche], P., IX, 1, 3; R., t. I, livre XVII, ch. II, p. 368. — BÉLIER, E., XV, 2, p. 251-2; P., IX, 4, 2; R., t. I, livre XVI, ch. XIX, p. 363. — POURCEAU DE MER, E., XIV, 23, p. 244; P., XXXII, 9; R., t. I, p. 140-1. — LION. P. donne ce nom à un crustacé (IX, 51 et XXXII, 53, 6), mais R. (t. I, p. 360) a fait représenter, dans son livre, un vrai lion couvert d'écailles, tel qu'il « fut pris en la mer non guieres devant la mort du Pape Paule III ». — VEAU MARIN [Phoque], E., IV, 56, p. 72 et IX, 50, p. 162-3; P., VIII, 49 et IX, 6, 3; R., t. I, p. 341 et suiv. — ÉLÉPHANT DE MER, P., IX, 4, 2; R., t. I, p. 363. — HOMMES MARINS, E., XIII, 21, p. 230; P., IX, 4, 2 : « Auctores habeo... visum... in Gaditano oceano marinum hominem, toto corpore absoluta similitudine... » R. (t. I, livre XVI, ch. XVIII, p. 363) semble disposé à admettre l'existence des Néréides. « On en a veu vne en la Pomeranie en la ville de Edam, aiant face de femme et fort subiette à paillardise. » — MOINE, R., p. 362 : « De nostre tems en Nortuege on a pris vn monstre de mer,... lequel tous ceux qui le virent, incontinent lui donnerent le nom de Moine, car il auoit la face d'home,... la teste rase et lize, sur les espaules comme vn capuchon de moine. » — PRÉLAT OU ÉVÊQUE MARIN, R., p. 363 : « I'ai veu vn pourtrait d'vn autre monstre marin, à Rome... On asseuroit pour certain que l'an 1531 on auoit veu ce monstre en habit d'Euesque,... pris en Pologne, et porté au Roi dudit païs, faisant certains signes pour monstrer qu'il auoit grand desir de retourner en la mer, où estant mené se ietta incontinent dedans. »

3. B., p. 237-8. — E., VI, 58, p. 113; P., X, 2. — Cf. Claudien, *Idylle* I.

le feu et qui porte un astre sur la tête, l'ordre des préséances exige que l'on place les griffons. Bêtes splendides, cruelles. Elles ont les ailes blanches, la gorge écarlate, le dos noir; il leur plaît de combattre les sangliers et les lions ou de fendre le sol avec leurs serres, d'y chercher de l'or avidement, pour décorer, sur les cimes, plus haut que le nuage, leurs nids[1]. Comparés à ces oiseaux qui déchirent les fauves et qui habitent dans l'or, les aigles ne nous paraissent plus des rois. Cependant, parce qu'ils regardent le soleil en face, Du Bartas reconnaît en eux je ne sais quoi de sublime, une majesté que prouve aussi la hardiesse de leur vol. Mais, à en croire la *Semaine*, en dépit de cette ample envergure et malgré ces yeux dominateurs, ils s'attachent parfois aux créatures humaines, sont sensibles aux grâces des vierges. Jadis, une jeune fille apprivoisa un aigle si dextrement qu'il ne la pouvait quitter. Advint que la pauvrette mourut. L'oiseau, « dans ses larmes noyé », refusa toute nourriture durant trois jours, puis, pour en finir plus vite, il renonça à ce genre de suicide, alla vers le bûcher où brûlait le corps de la pucelle, et s'élança au milieu du feu en « chantant un obsèque à sa dame[2] ». — Cet aigle au cœur de colombe, ces griffons et ce phénix ne doivent pas nous faire oublier le reste des animaux à plumes. Pour l'observateur attentif, ils sont presque tous admirables par quelque endroit : le cygne, blanc prophète, annonce sa propre mort; l'alcyon construit un nid que les hommes ne pourraient détruire; le « lange » rase les flots, pénètre dans la gueule de la baleine et lui *becquète le cœur*[3];

1. B., p. 241, d. — Hérodote, III, 116 et *passim*; E., IV, 27, p. 61; P., VII, 2, 2.

2. B., p. 253-6. — E., VI, 29, p. 104 : *Historia de aquila puerum amante*; P., X, 6.

3. B., p. 244. — Chant du cygne, Platon, *Phédon*, p. 85, a-b; A., IX, xiii, 4; E., II, 32, p. 31 et *Hist. variées*, I, 14, p. 300; P., X, 32. (E. et P. ne croient guère au chant du cygne.) — Nid de l'alcyon, A., IX, xv; Pl., ch. lxxxvii, p. 165 et suiv.; E., IX, 17, p. 153-4; P., X, 47, 2. — Lange. Je ne sais à quel auteur du Bartas emprunte cette fable. Le commentaire renvoie à R., livre XII, ch. xxi (lire xx). Mais si l'on consulte ce passage, on voit qu'il y est question d'un poisson, non d'un oiseau. Ce

le coq met en fuite les lions[1]. Lorsque, fatiguées de la lutte contre les Pygmées, les grues émigrent vers le Midi en un très bel ordre militaire, elles disposent, chaque soir, un camp, et placent des sentinelles. Celles-ci, pendant la faction, tiennent un caillou avec leur patte. Vient-il à tomber? C'est que la gardienne s'est endormie, négligence que révèle aussitôt le bruit de la pierre contre le sol[2]. Rien de plus classique que ces légendes : Du Bartas les aime pour cela, mais il ne se montre point exclusif, et offre à toutes les fables l'hospitalité de son livre. La *Semaine* vante deux oiseaux qui vivent aux terres nouvelles. L'un jette une lumière si vive qu'il remplace fort bien les lampes : à cette clarté mobile, aérienne, les brodeurs conduisent leur aiguille, les écrivains leur plume. L'autre... Comment parler de l'autre?... Que dire de cet être quasiment immatériel, de ce corps qui n'est qu'une aile, de cette aile qui toujours bat? En quels termes peindre cet oiseau qui n'a pas de nid, pas de mère, que jamais on ne vit manger, qui ne se pose nulle part? On ne le trouve à terre que mort, et il ne se corrompt point, attendu qu'il n'est qu'un souffle, une petite âme dans un peu d'air[3].

Enfin, du Bartas nous renseigne sur les mœurs des quadrupèdes et des reptiles. Il fait défiler devant nous, au hasard de la rime, les plus diverses espèces. Chacune a reçu du ciel, comme dans les contes de fées, un don... Malgré ses pirouettes, l'écureuil a de la prudence, et il calcule d'où viendra le vent; le caméléon — diaphane, multicolore — se nourrit de la brise qui passe; le castor se mutile, jette à la troupe des chasseurs ce qu'elle veut de lui (on m'entend à demi-mot), et, par cette rançon, sauve sa vie[4]. Ce sont là des animaux sans

poisson se nomme *l'ange* [*squalus squatina*] et non pas *le lange*; enfin R. ne parle nullement de la baleine à propos de l'ange de mer.

1. B., p. 249, c. — E., III, 31, p. 49 et *passim*; P., VIII, 19, 5.

2. B., p. 249, a-b.— A., VIII, XIV, 3 et IX, XI; Pl., ch. XXXIV, p. 106; E., III, 13, p. 42; P., IV, 18, 6 et X, 30.

3. B., p. 245, d. — Au sujet de ces deux oiseaux, on peut, d'après Simon Goulart, consulter l'*Histoire des Indes* d'Oviedo (XV, 8) et de Gomara (III, 96).

4. B., p. 264. — ÉCUREUIL, P., VIII, 58. — CAMÉLÉON, A., II, VII, 5;

haine. Mais évitons les serpents : ils nous détestent depuis Éden. L'un d'eux, le dragon, attaqua une armée romaine, et il fallut, pour le tuer, des balistes et des catapultes; le basilic souffle sur un rocher, et le brise : il regarde un homme, et le tue. N'écrasez pas la femelle de l'aspic, le mâle vous suivrait au bout du monde, vous devinerait dans une foule, vous attaquerait n'importe où, en plein jour, en plein marché[1]. Cette hideuse race rampante est armée formidablement, et les fils d'Ève, qui naissent nus, ne résisteraient jamais à tant de venins, d'anneaux, de pieds fourchus, de dents à crochets, si aux hôtes des lieux bas, à ces guerriers cuirassés, porteurs de crêtes et de sonnailles, qui jaillissent, étincelants, des ruines et de la boue, la clémence divine n'avait suscité des ennemis. Mais, vêtu d'un corselet de terre sèche, l'ichneumon attaque l'aspic, et il parvient même, avec l'aide du roitelet, à vaincre le crocodile[2]. D'ailleurs, les reptiles s'entre-détruisent : la vipère, en naissant, perce le ventre de sa mère; le scorpion mange ses petits[3].

Moins ignobles, non moins dangereux, sont les fauves à quatre pieds. Le porc-épic secoue en tous sens ses flèches, et à mesure qu'il les lance, d'autres repoussent, nombreuses. Son carquois ne se vide point[4]. Je ne parle pas de l'ours, du

E., II, 14, p. 26; P., VIII, 51 et XXVIII, 29. — CASTOR, E., VI, 34, p. 105; P., VIII, 47; R., t. II, p. 178.

1. B., p. 266. — DRAGON, P., VIII, 14. — BASILIC, E., II, 5 et 7, p. 21-2; P., VIII, 33 et XXIX, 19. — ASPIC, P., VIII, 35, 2.

2. B., p. 270. — L'ICHNEUMON [mangouste] ET L'ASPIC, A., IX, VII, 4; Pl., ch. XXX, p. 103. [Pl. prétend que c'est pour combattre le crocodile que l'ichneumon enduit son corps d'une cuirasse de boue.] E., III, 22, p. 45; P., VIII, 36. — L'ICHNEUMON, LE ROITELET ET LE CROCODILE, A., IX, VII, 4; Pl., ch LXXVIII, p. 157; E., III, 11, p. 41 et VIII, 25, p. 147; P., VIII, 37, 2; R., t. II, p. 174-5. — Suivant tous ces auteurs, le roitelet est l'allié du crocodile, non de l'ichneumon. Du Bartas, pour un motif qui m'échappe, a modifié la tradition.

3. B., p. 269, d. — VIPÈRE, E., I, 24, p. 9; P., X, 82, 2. — SCORPION, A., V, XXI, 3. [D'après A., ce sont les petits des scorpions qui mettent à mort leurs parents.] P., XI, 30, 5.

4. B., p. 273. — E., I, 31, p. 40; P., VIII, 53. — Cf. Claudien, *Idylle* II.

sanglier, du léopard, du tigre, de l'once « au front de chat », bêtes assurément redoutables, mais dont on peut, à la rigueur, se défendre. Quelles armes, au contraire, employer en face de la licorne ou devant le « mantichore[1] »? Ce monstre à triple mâchoire regarde avec des yeux glauques; sa couleur est celle du sang; il a le corps d'un félin, la queue d'un scorpion et les oreilles d'un homme; dans sa voix sont comme mêlés le bruit de la trompette et le chant du chalumeau; de plus, il imite la parole humaine.

Au sommet de l'échelle des êtres, presque à côté d'Adam, incomparable ouvrage du Créateur, Du Bartas a placé l'éléphant et le lion. Qui ne sait que le lion est magnanime et, si j'ose dire, chevaleresque? Il ne pardonne pas aux méchants, il aime à humilier les forts, mais il rend courtoisie pour courtoisie, ne repousse pas le suppliant, ne se montre jamais ingrat. Ici, comme bien on pense, intervient l'histoire d'Androclès, le tireur d'épine[2]... A quoi servirait-il de le nier? L'éléphant *obscurcit* et confond la sagesse humaine. Il ne demande qu'à s'instruire : les leçons qu'on lui donne, il les *rumine à part soi*, bien gentiment, à ses heures de loisir; parfois il écrit avec sa trompe. Non moins galant que studieux, il se plaît auprès des jeunes filles, les aime d'amour, souffre et *soupire*. Il respecte les rois, se livre manifestement à des pratiques religieuses. Quels dieux adore-t-il? On l'ignore, mais, avant de s'endormir, il fait — la chose est notoire — un beau salut à la lune[3].

Arrêtons ici cette analyse : aussi bien nous sommes au soir du sixième jour de la *Semaine*, et le spectacle de la création est presque entièrement achevé. Autant le livre de la Genèse

1. B., p. 271, d. — LICORNE, P., VIII, 31. — MANTICHORE (ou MARTICHORE), A., II, III, 15 ; E., IV, 21, p. 59; P., VIII, 30, 3 et 45.

2. B., p. 273-6. — A., I, I, 25 et IX, XXXI, 2 et suiv.; Pl., ch. XLIII, p. 119-20 ; E., IV, 34, p. 64 et VII, 48, p. 135-6 [histoire d'Androclès] ; P., VIII, 19 et 21. — Pour l'aventure d'Androclès, cf. aussi Sénèque, *Des Bienfaits*, II, 19 ; Aulu-Gelle, V, 14.

3. B., p. 260, c-d. — A., IX, XXXIII; Pl., ch. XXXVII, p. 109-11; E., I, 38, p. 12 : II, 11, p. 23-5 : IV, 10, p. 56 : XI, 14 et 15, p. 192-3 : XIII, 22, p. 231; P., VIII, 1-12.

lui avait prêté de grandeur, autant il semble, chez notre poète, à la fois pompeux et bouffon. On songe à une *Grande tentation de saint Antoine*... en vers héroïques. Et cependant, Du Bartas s'imaginait avoir construit une œuvre hautement scientifique. Il avoue, à la vérité, qu'il n'a pas résolu tous les problèmes, et il explique les défaillances de son érudition tantôt par l'ampleur du sujet, tantôt par l'impuissance de notre raison, — de cette raison qu'il faut faire marcher, vaincue, devant le char de la foi[1]. Excuses présomptueuses! Lorsqu'il prétend que les lacunes de son épopée prouvent l'infirmité de l'esprit humain, l'auteur de la *Semaine* se trompe : s'il a humilié notre raison, c'est moins à cause de ce qu'il ignorait que par ce qu'il a cru savoir.

IV.

Mais puisqu'il ne se proposait pas seulement de rendre ses lecteurs plus doctes et qu'il voulait aussi leur donner le goût du bien, les tourner vers la piété, voyons ce que vaut sa morale, comment il dépeint les vices et avec quelles armes il les combat.

Les poètes ont coutume de regretter les siècles passés, de maudire leur temps ou, tout au moins, d'en médire. Du Bartas n'y a point manqué, mais, lui, il était dans son droit. Il a connu un âge de fer; il a vu se dérouler, sur un peuple saignant et frénétique, un cortège d'années en deuil. Les misères de son époque, il les sent beaucoup mieux qu'il ne les exprime. La rhétorique l'asservit, et au lieu de mettre à nu, comme d'Aubigné, les plaies de la France à cette date, il emprunte aux Latins leurs satires, ou continue, en vers artificiels, les gémissements des prophètes.

C'est de Satan et de sa séquelle que viennent, dit-il, nos malheurs. Les diables nous déçoivent et nous pipent; hameçons, gluaux et filets ne leur manquent pas : ils attrapent le

1. Pages 9, c; 10, d; 13, b; 81; 91, a-b; 93, c-d. — *Triomphe de la foy*, ch. I, p. 429-30.

jouvenceau par l'amour, l'usurier par l'argent, l'ambitieux par un mot d'accueil qui tombe d'une bouche royale. Ils deviennent les désirs des grands, hébètent les plus subtils, leur pochent *l'un et l'autre œil.* Tels sont les jeux de ces esprits des ténèbres, des princes de l'illusion. Ils ne s'arrêtent pas là : cachés dans les statues des idoles (observez la malice du poète huguenot), ils animent ces dieux de bois, ouvrent aux oracles ces lèvres feintes. Ils trompent même les âmes pieuses, les prennent aux pièges de la foi, en sorte que si elles maîtrisent les passions, elles s'enlacent dans le réseau des doctrines téméraires. (P. 32-4.) De là des discussions sur le dogme, puis des divisions sans remède, des crimes enfin. et du sang. Du Bartas déplore les luttes religieuses; il admire la folie des Français qui s'égorgent les uns les autres. Dieu a témoigné, dit-il, combien il réprouvait cette furie, il a même envoyé une comète, signe non équivoque de sa colère[1]. Il faut s'attendre à un déluge de maux. Pourtant ce peuple en délire ne songe pas à s'amender; têtu, il s'endurcit aux coups. (P. 85.) Il se vante de défendre la foi, et vit dans la honte et le péché. Aussi bien que les gens du commun, les principaux de l'État suivent des routes obliques. Les rois, qui ne sortent point des villes où réside la volupté, livrent à des mains infâmes le gouvernement des provinces; ils s'attachent à des hommes de nul prix, et dépouillent, au bénéfice de ces mignons, le reste de leurs sujets. (P. 200.) Le luxe s'étend partout. Naguère les princes seuls portaient des manteaux de soie : aujourd'hui les moindres de la cité, *ceux qui aboient après le pain*, dédaignent — ou peu s'en faut — cette etoffe. (P. 252.) On suit les modes étrangères. Le Français, comme la guenon, imite tout ce qu'il voit, et il modifie la coupe de ses habits plus souvent (la comparaison est de Du Bartas) qu'il ne change de chemise. (P. 51, c.) La vanité, l'avidité règlent toute chose ici-bas. L'or est le grand coupable; le poète le

1. « L'astre cheuelu dont est icy parlé est la comete qui fut veuë l'an 1577 et qui estoit terrible. Ç'a esté le presage des mal-heurs aduenus depuis. » (Simon Goulart.)

charge d'anathèmes selon le rite classique, et lui impute nos lâchetés, nos crimes. (P. 242.) Et si les hommes pourtant raisonnaient... Quel mauvais génie les empêche de regarder autour d'eux et d'estimer ce qu'elle vaut leur pauvre petite planète? En la voyant comme une poussière dans l'immensité cosmique, ils n'aspireraient plus, détachés de ce néant, qu'aux richesses spirituelles, au royaume de Dieu. Alors ni les princes ne voudraient mettre, pour la gloire, leurs drapeaux au vent, ni les juges ne vendraient la justice; alors on n'arracherait pas, de nuit, la borne de son voisin, on ne prêterait pas à usure; alors il n'y aurait point de traîtres, et le marchand renoncerait à l'usage des faux poids. (P. 126-7.) Vivant dans la crainte et dans l'espérance du Jugement, on déserterait les villes, et, comme les travaux rustiques entretiennent la pureté de l'âme, on se courberait à la charrue. Ainsi, le long des ruisseaux, parmi les musiques des rossignols et des abeilles, l'existence se déroulerait, très chaste, et chacun, la journée finie, dormirait en paix sur son sillon[1].

Quel songe!... A dire vrai, Du Bartas ne compte pas ramener les mœurs patriarcales : il serait heureux à moins, et il demande aux Français non pas une métamorphose, mais une simple conversion ou, pour parler nettement, il les invite à respecter les devoirs qui sont conformes au caractère et aux habitudes d'une nation déjà vieille. Cette morale pratique, sur quoi va-t-il l'établir? Pour son malheur, il essaie d'être logique, et il rattache sa prédication à la partie scientifique de son épopée. D'après lui — et beaucoup d'autres — la nature a pris soin de nous proposer des exemples; les plantes et les animaux seraient comme des paraboles vivantes et des préceptes palpables, et l'on entrerait, par les portes de la zoologie, de la botanique, dans le domaine de la morale. Cette doctrine, au fond de laquelle on aperçoit pourtant une lumière de vérité, a égaré plus d'un écrivain : du Bartas, à son

1. Pages 152-6. — Ce long passage est une sorte de mosaïque ingénieuse. Du Bartas, qui paraît, d'ailleurs, sincère, imite à la fois Virgile, Horace, Sénèque et Claudien. — Voir Pellissier, *ouvr. cité*, p. 142 et suiv.

tour, l'interprète naïvement, et elle lui suggère des comparaisons qui font rire.

En voici.

A ceux qui ne connaissent point la douceur de l'amitié : Venez avec moi, dit-il ; visitons ensemble la mer. Là vivent en foule les émules de Damon et de Pythias, de Pirithoüs et de Thésée. Les « sparaillons » nagent de conserve, s'agglomèrent lorsque vient le froid et, de la sorte, se *dégèlent*. Cela nous montre que les hommes gagneraient beaucoup à s'associer[1]. — Et le petit poisson qui sert de guide à la baleine, n'enseigne-t-il pas aux enfants qu'ils doivent conduire avec tendresse leur père devenu infirme[2] ? Le conduire ?... Ce serait peu ; ils doivent le porter. La cigogne n'y manque pas : elle voiture ses parents dans les airs ; en outre, elle réchauffe, à l'étape, *leurs membres froidureux*, et refuse

. . . . à son ventre affamé
(Enfans, notez cecy) l'aliment plus aimé,
Pour paistre dans le nid ses parents, à qui l'aage,
Debile, ne permet d'aller plus au fourrage[3].

Les détestables vers que voilà... En face de ce tableau qui représente un bon fils (Du Bartas ne s'inquiète pas des genres : il fait de la cigogne *un fils* et de la baleine *un père*), plaçons, comme pendant, le symbole de la paternité héroïque. On devine qu'il s'agit du pélican, dont le sacrifice fabuleux aurait, à en croire les poètes, plus d'une signification. L'auteur de la *Semaine* n'hésite pas à comparer le pélican au Christ,

. . . . qui, sur l'arbre estendu,
Innocent, a versé le sang par ses blessures,
Pour guarir du serpent les lethales morsures[4].

1. Voyez p. 19, le texte et la note 7.

2. Voyez p. 20-1. — Les Bestiaires parlent de la baleine, mais le symbole qu'ils présentent à son sujet (Th., 1915 et suiv. ; Cl., 2255 et suiv.) ne se rencontre pas chez Du Bartas.

3. B., p. 247. — E., III, 23, p. 46 ; X, 16, p. 173 ; P., X, 32. « Ciconiae nidos eosdem repetunt ; genitricum senectam invicem educunt. »

4. B., *ibid.* — E., III, 23, p. 46. Les Bestiaires font du pélican l'emblème de l'amour divin. (Th., 2323 et suiv. ; Cl., 521-614 ; G., 887-920.)

La passion de Jésus a libéré les âmes humaines : asservies jadis au péché, elles tombaient fatalement à la nuit et à l'enfer. Désormais, la mort n'est qu'un passage. Après l'avoir franchi, nos destinées se relèvent, jeunes de nouveau, impérissables. Le phénix figure cette métamorphose : comme lui, les chrétiens dépouillent leur vêtement d'autrefois, et, à l'heure où ils paraissent faire retour au néant, ils naissent à la vraie vie[1]. La foi de Du Bartas est austère mais paisible. Aux catholiques et aux protestants, qui pensent, en se déchirant, honorer la religion, il raconte le combat de l'éléphant et du dragon. Celui-ci enlace son adversaire, « met le nez dans son nez », lui ferme « les huis du vent ». Bientôt « la beste aux dents d'yuoire » tombe morte, mais sa chute est fatale au serpent, qui est brisé par le poids d'une telle masse de chair. Avis aux sectes rivales ! Elles ne peuvent subsister, victorieuses ni vaincues[2].

Les animaux qui vivent en société nous donnent, par la volonté de Dieu, un grand nombre de leçons. Veut-on savoir ce que serait une cité idéale? Inutile de consulter Platon ; que l'on étudie seulement la république des abeilles. Là règnent l'équité et la concorde ; là, nul sujet ne se révolte. L'essaim est l'école des rois : qu'ils apprennent que, dans la ruche, ce-

La Bible (*Ps.*, CI, 7) tire des mœurs du pélican une image assez différente. || D'après Du Bartas, beaucoup d'autres animaux, que je n'ai pas cru devoir énumérer dans mon texte, enseignent aux parents et aux enfants qu'ils doivent se chérir et s'aider. Voici la liste de ces exemples : LE LION, B., p. 248. LE CHIEN MARIN, *ibid.* [Pl., ch. LXXXIII, p. 162 ; E., I, 17, p. 6.] LA POULE, *ibid.* L'AIGLE, p. 332. [E., II, 40, p. 33 ; P., X, 3, 5 ; Th., 2027 et suiv. ; Cl., 689-704.] LE CHEVREUIL, p. 333.

1. B., p. 238, a. — Rien de plus ordinaire, chez les écrivains chrétiens, que le symbole du phénix. « Lisez, dit Simon Goulart, le commencement du 20. liure des *Hieroglyfiques* de Pierius Valerianus : item, le 13. chapitre du liure de la resurrection de la chair de Tertulian, Cyrille en sa 18. *Cathechese*, Sainct Ambroise au 5. de son *Hexamenton*, et l'autheur des vers du *Phenix* en Lactance. » — Cf. encore Th., 2217 et suiv. ; Cl., 739-820 ; G., 1009-1052.

2. B., p. 261-2. — Le combat de l'éléphant et du dragon est raconté par E., VI, 21, p. 101 et *passim*, par P., VIII, 12. On trouve, mais avec des différences, cette légende dans les Bestiaires. (Th., 1415 et suiv. ; G., 381-404.)

lui qui commande ne se sert jamais de l'aiguillon[1]. — La fourmi fait honte aux paresseux[2]. — Quant aux gens de guerre, s'ils étaient sages, ils ne manqueraient pas de contempler le vol des oiseaux nomades, d'admirer leur stratégie, d'imiter leur prudence. Lorsque les oies de Cilicie passent à côté du mont Taurus, haute citadelle des aigles, elles tiennent une pierre dans leur bec, se bâillonnent par ce moyen, car il suffirait d'un cri pour attirer sur la troupe les rôdeurs aux vastes ailes[3].

Pourquoi m'arrêterais-je ici? Toutes les vertus que les hommes devraient avoir, la Providence les leur montre ou chez les animaux, ou dans les plantes, ou même dans les corps inorganiques. Réchauffé par la colombe, l'épervier se garde de la tuer; il lui redonne les champs. Que les ingrats méditent ce trait[4]! La tourterelle nous invite à ne nous marier qu'une fois, à être inconsolable dans le veuvage[5]. L'éco-

1. B., p. 251. — A., IX, xxvii, 31; E., I, 60, p. 19; Virgile, *G.*, IV, 210 sqq.; P., XI, 4 et 17.

2. B., p. 334, c. — *Proverbes de Salomon*, VI, 6-8. — Pl., ch. xxxvi, p. 107 : « ... En toute la nature [il] n'y a point de si petit mirouer qui represente de plus belles et de plus grandes choses, estant là, comme en une goutte pure et nette, la naifve representation de la vertu toute entière. Là se voit l'amitié, la societé; là se voit l'image de vaillance et de prouesse en leur patience de labeur. » E., IV, 43, p. 67; P., XI, 36. — Th., 851 et suiv. : « Iço dit Salemun | Del furmi par raisun : | « Di va, om pareçus, | Ki atenz les bels jurz, | Ne seiez escharni, | Esguarde le furmi! » Cl., 1024 et suiv.; G., 755-828. || Du Bartas (*ibid.*) engage les paresseux à imiter aussi le hérisson. Cf. Pl., ch. L, p. 123-4; E., III, 10, p. 41; P., VIII, 56, 1; Th., 1739-1774; Cl., 1113 et suiv.; G., 729-754.

3. B., p. 249 et 332, d. — Voyez ci-dessus, p. 23, le texte et la note 2. — En ce qui concerne les oies de Cilicie, cf. Pl., ch. xxxiii, p. 105-6; E., V, 29, p. 83.

4. B., p. 332, b. — Je n'ai pas trouvé les sources de cette légende. E. range l'épervier parmi les oiseaux reconnaissants (IV, 44, p. 68), mais il ne cite aucun fait précis.

5. B., p. 332, c-d. — E., III, 44, p. 52; Th., 2547-2574; Cl., 2649 et suiv. Voici, à propos de la tourterelle, quelques vers de G. (1087 et suiv.) : « Tortre est oiseaus de tel nature, | Ce nos reconte l'escripture, | De sa loiauté me mervoil. | Quant ele ha perdu son paroil, | Puis ne se vuet autre acobler, | Ainz se vuet castement garder. | ... | Oez dou petit

nomie domestique, devinez qui nous l'enseigne? Ce sont les ménages d'araignées,

> Car le masle nourrit sa maison de sa chasse,
> Et la sage femelle a soin de la filace[1].

L'épi de blé nous dit : « Soyez humbles! » Il porte, en se courbant, le fardeau qui fait sa gloire, une richesse sacrée[2]. On cueille malaisément la cannelle; nous sommes prévenus par là que la conquête des choses précieuses et, en particulier, de la renommée, exige beaucoup d'efforts[3]. Le diamant nous engage à la constance; l'or, à la pureté; l'aimant nous avertit de nous tourner toujours vers Jésus[4]. Enfin, si nous sommes tentés d'oublier que l'homme ne possède rien en propre, et que les mérites dont il s'enorgueillit sont une émanation divine, nous n'avons qu'à élever, de nuit, nos regards au ciel, et nous y verrons l'emblème de notre misère brillante : la lune, qui verse à la terre des rayons d'emprunt[5].

Voilà par quels exemples, par quelles images, Du Bartas se flatte d'agir sur les nations, de convertir les individus. Je le répète, il ne s'est pas, le premier, avisé de ce symbolisme, qui appartient, au contraire, à toutes les religions, à toutes les poésies. Nous lui devons, je ne l'ignore point, de nobles pages, de beaux vers... qu'il ne faut pas chercher dans la *Semaine*. Quant aux résultats pratiques, à l'utilité... Respectons les préjugés et, plus encore, les illusions. Ceux-là sont

oiselet | Qui sages est, si se tient net | Et a son male porte foi. | Nos qui devons tenir la loi | Devriens desguerpir luxure. »

1. B., p. 333, c-d. — Aristote est loin de croire à la division du travail chez les araignées. Il dit (IX, xxvi, 5) : « C'est la femelle seule qui file et qui chasse; le mâle ne fait que partager sa proie. » Par bonheur, une phrase de Pline, que cite fort à propos le commentateur de Du Bartas, justifie les araignées : « Feminam putant esse quae texat, marem qui venetur; ita paria fieri merita conjugio. » (XI, 28, 5.)
2. B., p. 329, d.
3. B., p. 330, a.
4. B., p. 331, a-c. — Th., 2891 et suiv.; Cl., 3333 et suiv.
5. B., p. 329, a.

heureux qui s'imaginent qu'on rend, avec des mythes, les hommes meilleurs, et que les fables accomplissent ce que la vérité ne saurait faire.

V.

Nous pouvons maintenant conclure.

Si l'on étudie la *Semaine* au point de vue du fond, on est amené à reconnaître que Du Bartas a traité d'une manière également malheureuse la partie scientifique et la partie morale de son œuvre.

En ce qui concerne la science, les erreurs qu'il a commises nous paraissent d'autant moins excusables qu'elles proviennent, pour la plupart, d'une contradiction naïve, d'un défaut de goût. Du Bartas proclame, en effet, que les poètes chrétiens doivent rejeter avec mépris toutes les fictions du paganisme, il ne veut pas que l'on travaille à la résurrection des dieux menteurs, et, proscrivant jusqu'à leur mémoire, il lutte, nouvel Énée, contre des ombres, tâche d'abolir ces noms coupables d'avoir été sacrés. Les mythes de l'Olympe grec, — fleurs de grâce, de sagesse — il les appelle « monstrueuses bourdes » , il se vante de leur avoir donné le premier assaut, en attendant l'heure (il la croit proche) où on les bannira sans pitié, où on leur interdira l'eau et le feu[1]. Judicieuse prophétie ! Un siècle encore, et Boileau déclarera que le merveilleux païen est comme la substance et la vie de la poésie moderne. Du Bartas, qui le tient déjà pour mort, et qui s'élève, d'autre part, contre la vanité des vers d'amour, affirme que l'on remplacera sans peine les genres ainsi supprimés. Il suffira, dit-il, que les poètes se tournent vers Uranie : cette Muse, qui est chaste et grave, leur dictera des œuvres non moins utiles que sublimes ; alors ils chanteront le vrai Dieu, ils tireront de la Bible la matière de leurs épopées, et, penchés sur la nature, ils essayeront d'expliquer ses lois ou

1. *Advertissement de Du Bartas sur sa Premiere Sepmaine.* (Cf. le début du *Second Jour* (p. 41-3) et toute la pièce intitulée *L'Uranie*, p. 418 et suiv.)

de raconter ses miracles. Jaloux de donner l'exemple, Du Bartas compose la *Semaine*... Pour ce livre qu'il veut sincère, exact, instructif, à quelle source va-t-il puiser? — Non seulement il s'adresse aux anciens, mais au lieu de leur emprunter leurs vraies richesses scientifiques, les hypothèses que le temps a confirmées, les théories fondées sur une intuition heureuse et les conquêtes de l'expérience, il accepte, sans choix, sans contrôle, toute la partie mensongère de l'antique Histoire naturelle, il recueille avec zèle les contes de nourrice, et il se plaît aux prodiges. En somme, ce qu'il appelle science, ce sont les erreurs de vingt siècles. Ainsi — admirons sa logique! — il condamne, sans égard pour leur beauté, les fables grecques et latines qui ont un caractère religieux, mais il aime à rajeunir, en dépit de leur moindre valeur et de leur symbolisme plus vulgaire, les mythes profanes des anciens. Cela s'appelle proprement lâcher pour l'ombre la proie. Du Bartas substitue à une légende dorée je ne sais quelle zoologie romanesque, et il s'imagine avoir droit à la gratitude des penseurs, parce qu'il détrône les faux dieux au profit des idées fausses.

En ce qui concerne la morale, il y a lieu de faire, je crois, une constatation du même ordre. Afin de nous décider à bien vivre, où l'auteur de la *Semaine* aurait-il dû prendre ses préceptes, ses paraboles? Il était chrétien, vraiment chrétien, et il connaissait à fond l'un et l'autre Testament. Supposez-vous qu'il interprétera cette parole solennelle et qu'il adore comme révélée? Non, il demande à la Bible plutôt des récits que des maximes, et il produit, pour nous édifier, non pas les textes de l'Écriture, mais l'exemple des animaux. Alors qu'il s'agit de notre âme, il appelle en témoignage le phénix, le pélican, la tourterelle et les oies (de Cilicie, — soyons justes!) Et il se disait novateur!... En fait, il recule de trois siècles, il remonte aux temps obscurs et rajeunit la sagesse niaise des Bestiaires. Ajoutez que la naïveté de sa morale se complique des erreurs de sa science. Il nous dit : « Imitez les bêtes », et cite d'elles des traits inexacts.

Néanmoins, cette œuvre a eu, en son temps, une renommée

retentissante. Pourquoi? Cela tient à plusieurs causes dont je n'ai pas à m'occuper ici, à certains mérites de forme, à l'ampleur d'un sujet que la Pléiade n'avait pas prévu, à la tranquille audace du dogmatisme et, sans doute, à l'esprit de secte. On risquerait, toutefois, de s'expliquer assez mal le succès de la *Semaine*, si on ne remarquait pas que ce livre — tel qu'il est, avec ses erreurs, ses légendes, ses apologues — représente et résume fort bien l'érudition du siècle. Disons, à la décharge de Du Bartas, qu'il n'est pas, à son époque, le seul à se montrer crédule. Les notes de cet article auront rendu manifeste la candeur de Rondelet, qui fut, du reste, un chercheur. Les chimères de Plutarque endorment le scepticisme de Montaigne, et lorsqu'il cherche à établir, entre les bêtes et nous, une sorte d'égalité, il raconte, en leur attribuant la valeur d'un argument, les histoires du lion d'Androclès et de l'éléphant amoureux d'une bouquetière. Que le rémora ait arrêté la galère « capitainesse » d'Antoine, il ne s'en étonne point. Il affirme que les thons possèdent « une singuliere science des trois parties de la mathematique », et il ajoute froidement : « Quant à l'astrologie, ils l'enseignent à l'homme[1]. » Voilà comment, au siècle de la Renaissance, un philosophe subtil, et qui se piquait de ne rien admettre sur la foi d'autrui, décrivait les mœurs des animaux. Et ce joug des traditions saugrenues, il pesait même sur ceux qui observaient directement la nature, et que l'on range, aujourd'hui encore, au nombre des vrais savants. Je songe, en écrivant ces lignes, au grave Ambroise Paré : il a étudié, avec une attention aiguë, et groupé méthodiquement quantité de phénomènes; il a doté la médecine d'une découverte sans prix et dont la gloire revient à lui seul[2], mais il ne laissait point — et l'explique qui pourra — de conseiller à ses malades des remèdes qu'il tenait ou de charlatans italiens ou de quelque

1. *Essais*, II, XII ; édit. Didot, p. 235-241.

2. « Il déclare nettement... que c'est « sans l'avoir vu faire à aucun, ouy dire ni lu, qu'il a plu à Dieu de l'adviser de l'idée d'étreindre d'un fil l'artère béante des amputés. » Dr H. Folet, *Ambroise Paré* (*Revue de Paris*, 1er sept. 1901, p. 65.)

« bonne vieille villageoise » : il recommandait l'huile de petits chiens bouillis ; il discourait sur les prodiges ; il montrait à ses lecteurs « le portrait d'une beste monstrueuse, laquelle ne vit que de vent » ; il croyait à l'astrologie, aux noueurs d'aiguillettes, aux femmes qui vomissent des clous, aux succubes et aux incubes[1].

Jugeant par là de ce que devait être l'aveuglement du vulgaire, avouons que les rêves et les miracles de la *Semaine* semblaient, à coup sûr, dignes de foi. Ce livre passait donc non seulement pour une œuvre d'art, mais pour un résumé de ce que l'on savait à cette date. N'allons pas chercher ailleurs la principale cause de sa vogue et du brusque silence qui suivit. Puisque l'humanité (empruntons, nous aussi, une comparaison aux Bestiaires) marche en effaçant ses traces comme le lion, puisque la science ne regarde jamais en arrière et qu'elle n'a que du dédain pour la cendre des erreurs vaincues et des systèmes abolis, l'épopée de Du Bartas était condamnée à vieillir vite, et l'on en peut dire autant de toutes les productions analogues. Le poème de Lucrèce échappe, il est vrai, à cette loi. C'est qu'il est écrit avec passion ; c'est qu'il insiste moins sur les mystères de la nature que sur les ténèbres de la destinée ; c'est qu'il cherche à concilier la résignation et l'orgueil ; c'est qu'il veut élever l'homme au-dessus des forces mécaniques qui écrasent l'individu pour le salut de l'espèce... Certes, une telle œuvre méritait de vivre. Quant à Du Bartas, s'il est maintenant presque oublié, il doit moins en accuser le temps que les fausses promesses de son Uranie : la Muse pudique l'a trahi.

1. Dr H. Folet, *Ambroise Paré* (*Revue de Paris*, p. 60 63.)

Toulouse, Imp. Douladoure-Privat, rue St-Rome, 39 — 1210

www.ingramcontent.com/pod-product-compliance
Lightning Source LLC
LaVergne TN
LVHW021637170726
843501LV00007B/2275

* 9 7 8 2 3 2 9 6 5 2 7 6 4 *